Contraste insuffisant
NF Z 43-120-14

Illisibilité partielle

Valable pour tout ou partie
du document reproduit

Original en couleur
NF Z 43-120-8

G. CLÉMENT-SIMON

UN EPISTOLIER
DE
L'ÉCOLE DE VOITURE ET DE BALZAC

L'ABBÉ DE LAGARDE

LA SOCIÉTÉ TULLOISE AU TEMPS DE MASCARON

PARIS
HONORÉ CHAMPION, LIBRAIRE
9, quai Voltaire, 9

1900

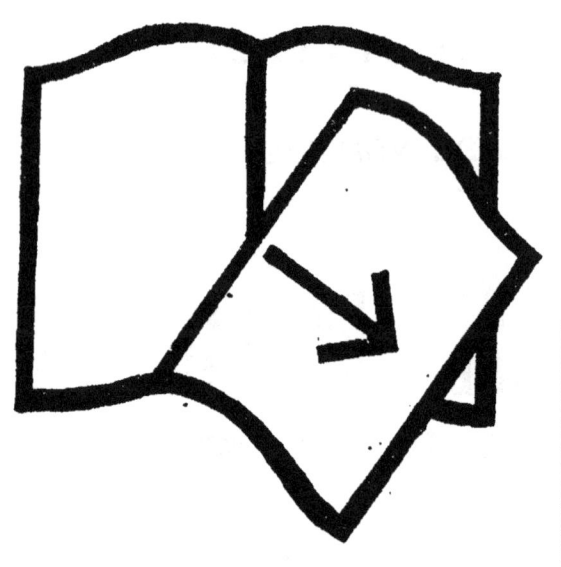

Couverture inférieure manquante

L'ABBÉ DE LAGARDE
LA SOCIÉTÉ TULLOISE AU TEMPS DE MASCARON

IMPRIMÉ A CINQUANTE EXEMPLAIRES
N° 18

G. CLÉMENT-SIMON

UN EPISTOLIER

DE

L'ECOLE DE VOITURE ET DE BALZAC

L'ABBÉ DE LAGARDE

LA SOCIÉTÉ TULLOISE AU TEMPS DE MASCARON

PARIS
HONORÉ CHAMPION, LIBRAIRE
9, quai Voltaire, 9

1900

UN ÉPISTOLIER
DE
L'ÉCOLE DE VOITURE ET DE BALZAC

L'ABBÉ DE LAGARDE
LA SOCIÉTÉ TULLOISE AU TEMPS DE MASCARON

A EMILE FAGE.

Mascaron, le plus fleuri des orateurs sacrés, l'abbé de Lagarde qui, à côté de son évêque, fut à Tulle le maître des élégances, ne sont pas, je crois, pour vous déplaire. En recevant tout à l'heure un de ces billets du matin où vous rajeunissez Voiture, je pensais que si vous aviez vécu au temps des précieuses, d'Arthénice et de Sapho (foin de Catho^s et de Madelon, ces caricatures!) vous eussiez envié leur compagnie. L'abbé de Lagarde était presque digne d'en être. C'est pourquoi j'ai l'honneur de vous le présenter. A sa rentrée dans le monde, sous son costume suranné, il a besoin d'un bienveillant patronage.

Ceci n'est qu'une curiosité.

Je ne m'imagine pas avoir fait une trouvaille d'importance. Est-elle même digne d'être montrée ? Lorsque au milieu de paperasses d'affaires, d'actes de notaires, de livres domestiques, compulsés pour y découvrir des bribes d'histoire locale, on rencontre quelques feuillets d'aspect moins maussade dont le déchiffrement plus aisé distrait un moment, détend l'esprit, attire le sourire sur les lèvres, par exemple un paquet de lettres galantes, un cahier de préciosités et de mièvreries sous sa couverture enrubannée, on est enclin à y trouver une saveur, à y attacher un prix qu'il sera loin d'avoir pour celui que n'illusionnent pas le charme et la surprise de l'invention :

> C'est croire que l'on tient les pommes d'Hespérides,
> Et presser tendrement un navet sur son cœur !

Mais songez donc ! Au fond d'une petite province, dans une villette reculée, inabordable entre ses rochers, à Tulle, au milieu du grand siècle, il y a deux cent cinquante ans, un zélateur des élégances de la capitale, un dameret singeant les façons de la cour, un émule de Voiture et de Balzac, limant la phrase, déroulant la période chargée de comparaisons et d'antithèses, s'ingéniant aux grâces de la pensée et du style, aux jeux de mots, aux pointes, aux concetti, moitié prose, moitié vers ; — et trouvant partie, ayant des correspondants des deux sexes, capables de l'entendre, de lui répondre et d'y prendre un plaisir extrême, cela n'est pourtant pas sans piquer l'attention... C'est drôle ! comme dit l'autre ; surtout si l'on découvre que cette manière de Céladon porta la soutane du prêtre et la toge du magistrat.

Hélas ! l'élève ne suivait les maîtres qu'à distance ; il n'a pas atteint leur étonnante virtuosité. Il était en retard, car le genre était déjà un peu démodé. Voiture et Balzac ne vivaient plus, l'hôtel de Rambouillet était veuf de la merveilleuse Arthénice et Sévigné avait paru. — Mais il y a l'intention, le geste (style du jour), et s'il n'est pas trop grossier et trop maladroit, s'il n'excite qu'une ironie légère, sans faire d'emblée bâiller d'ennui, qu'on se rassure, ce ne sera au pis-aller qu'un quart d'heure de perdu. Le temps perdu, ce n'est pas le plus désagréable de la vie !... La preuve, c'est qu'on le regrette. — Il y a loin de Tulle à Corinthe ! Si ce compatriote n'a pas accompli le voyage,

> Il a du moins l'honneur de l'avoir entrepris.

Puis ces lettres vieillottes ouvrent un regard sur un milieu bien peu connu. Que sait-on de l'existence familière, des mœurs, des goûts des citadins de province dans ces temps qui nous semblent si différents des nôtres ! Ce qu'on appelle « le monde » existait donc dans le plus modeste chef-lieu ! L'air de la cour, la tenue, le langage s'étaient donc avancés jusqu'aux monts du Limousin, avaient déteint sur la simplicité bourgeoise ! Il y avait aussi à Tulle une « société polie », même raffinée !

Nous savions que cette ville ne resta pas étrangère aux choses de l'esprit. Dans l'édit d'érection du Présidial, en 1636, Louis XIII déclarait qu'elle possédait « un collège fameux et nombre d'habitans addonez aux lettres. » Nous avions la preuve que beaucoup de Tullois se mêlaient d'écrire, de versifier en leur privé (les archives de familles sont pleines de ces élucubrations), que ces pièces légères, en français, en latin, en roman-limousin, circulaient sous le manteau, étaient fort goûtées, que les discours d'apparat, les harangues de circonstance étaient d'un usage courant (1).

Il nous apparaît que ces habitudes atteignirent leur apogée sous l'épiscopat de Mascaron. C'était naturel.

Jules Mascaron, très digne évêque, vertueux, charitable et zélé, était néanmoins un prélat de cour. Orateur éminent, et par conséquent d'une large culture intellectuelle, il ne dédaignait pas, en dehors de la chaire, la mignardise et l'afféterie. Il est connu que Mlle de Scudéry fut son amie et sa protectrice. Il admirait ses romans, se nourrissait du *Cyrus*, de la *Clélie*, aujourd'hui illisibles. Il lui écrivait : « Il n'est point de si belle morale que celle que vous *prêchez*. » Le mot est curieux. Il lui disait encore : « Je ne fais point difficulté de vous avouer que dans les sermons que je prépare pour la cour, vous serez très souvent à côté de saint Augustin et de saint Bernard. » Le rapprochement est peut-être un peu risqué, mais ce sont blandices de bel esprit à précieuse et qu'il ne faut pas prendre à la lettre. Mascaron fut toute sa vie le correspondant très assidu de « l'immortelle Sapho », une Sapho platoni-

---

(1) V. *Histoire du Collège de Tulle*, pp. 97-99.

que (1), laide et déjà mûre quand naissait le futur évêque de Tulle. Moins âgé qu'elle de vingt-sept ans, il ne lui survécut que dix-huit mois. Quelques-unes des lettres qu'il lui écrivit ont été conservées (2). Quoiqu'elles n'aient rien d'austère, elles ne nuisent nullement à la bonne renommée de l'un et de l'autre. Mascaron eut d'ailleurs, parmi les grandes dames de son temps, d'autres amitiés non moins pures. Mme de Sévigné lui donnait à dîner (3). Mme de Longueville lui rendait visite (4). Mme des Houlières lui adressait une épître poétique datée des bords du Lignon (5). La Grande Mademoiselle lui avait demandé de s'employer pour amener à la foi catholique la mère de Lauzun!... (6). Il y réussit du reste. Il eut bonne part dans la conversion de la comtesse de Lauzun comme il avait eu dans la conversion de Turenne. Toutes accointances parfaitement honnêtes, à l'abri du soupçon. Godeau, évêque de Vence, Fléchier, évêque de Nimes, dont on n'a jamais critiqué les mœurs, furent encore plus mondains. Cela s'applique aussi à maints abbés, et à notre abbé de Lagarde, s'il vous plaît. Quant aux hommes, Mascaron eut pour amis et pour admirateurs les plus considérables et les plus graves personnages de la cour et de la ville (7).

En pleine réputation, après avoir prêché plusieurs Avents et plusieurs Carêmes au Louvre, devant Leurs Majestés, il fut nommé en 1671 évêque de Tulle. Il ne prit possession que

---

(1) La qualification est de Tallemant des Réaux. Il faut qu'elle fût bien méritée. Furetière l'appelait la Pucelle du Marais.
(2) *Mascaron et Mlle de Scudéry, d'après une correspondance inédite*, par le P. Ingold, de l'Oratoire (1884); *Deux Lettres de Mascaron à Mlle de Scudéry*, par René Fage (1885). Cette curieuse correspondance n'était inédite qu'en partie. Elle avait été utilisée et reproduite par extraits par M. Monmerqué qui en possédait les originaux (art. Scudéry dans la biographie Michaud). V. aussi *Mlle de Scudéry*, par Rathery et Boutron; *Etude sur Mascaron*, par M. l'abbé Blampignon (1870); et *Mascaron*, par M. Lehanneur (1878).
(3) *Lettres*, éd. des Grands Ecrivains, t. II, p. 98. Elle parle en beaucoup d'autres endroits de Mascaron. V. la table de l'ouvrage.
(4) *Vie de Madame de Longueville*, par Bourgoing, p. 168 (1738).
(5) *Œuvres choisies de Madame des Houlières*, p. 1 (1780).
(6) *Lettre de Mascaron à Mlle de Montpensier*, collection Feuillet de Conches; Lehanneur, p. 44.
(7) V. Lehanneur, chap. II et III, lettre de Bussy-Rabutin.

l'année suivante. Au mois de juin il s'achemina, fit escale à Limoges, chez Mgr de la Fayette, alors très âgé, mais qui avait aussi brillé au Louvre et à Saint-Germain au temps de la faveur de sa nièce, cette La Vallière sans la faute (1). Des délégations du clergé de Tulle étaient venues à la rencontre de leur nouveau pasteur. C'est à Limoges qu'il dut entendre les premiers discours de bienvenue. Etienne Baluze, plaisant à ses heures, s'est agréablement moqué de l'éloquence de ces dignitaires et a même fait une parodie de leurs harangues solennelles. Mais il satisfaisait ainsi de petites rancunes et a confessé plus tard que ces malices, d'ailleurs anodines, n'étaient qu'un jeu et ne devaient pas être prises au sérieux (2).

Mascaron arriva à Tulle le 18 juin 1672, par le quartier du Fouret, principale avenue, très déclive, au flanc d'une montagne abrupte. Plus de trois cents cavaliers l'attendaient à une grande lieue de la ville. Quinze cents hommes sous les armes étaient massés depuis la porte du Fouret jusqu'au palais épiscopal. Il eut à subir sur son passage trente discours. C'est lui-même qui donne ces détails à Mlle de Scudéry : « Il y a eu, dit-il, de l'esprit dans toutes ces harangues, du bon sens dans presque toutes, et ce n'est pas estre malheureux, lorsque sur trente complimens qu'on est obligé d'entendre il ne s'en trouve que deux ou trois d'impertinens. » Eh ! du premier coup d'œil il jugeait assez bien ses ouailles. De l'esprit couramment, parfois quelques erreurs de jugement, quelque maladresse. Des pièces de vers en latin et en français lui furent aussi présentées (3).

La semaine suivante, en la fête de saint Jean-Baptiste, jour de grande solennité et de pieuse réjouissance pour la cité, il inaugura sa chaire cathédrale (4). L'accueil qu'il avait reçu lui promettait un auditoire porté à l'admiration et non indigne d'entendre sa parole. Le prédicateur favori de Louis XIV, celui

---

(1) Mlle de la Fayette. V. *Mémoires de Mme de Motteville*, coll. Michaud, pp. 32-35 ; Tallemant des Réaux, *Histor. du cardinal de Richelieu*.
(2) V. *La Gaieté de Baluze*, p. 15 (1888).
(3) V. pour plus de détails, *Histoire du Collège de Tulle*, pp. 98, 334.
(4) Lettre à Mlle de Scudéry, *loc. cit.*

à qui le grand roi devait dire plus tard : « Il n'y a que votre éloquence qui ne vieillit pas, » obtint des suffrages qui ne pouvaient pas le flatter autant que ceux dont il emportait le souvenir, mais lui donnaient une satisfaction sans mélange, car ils étaient aussi fervents qu'unanimes et ne lui étaient disputés par aucun rival (1). Ses sermons furent très suivis, écoutés, recueillis comme des chefs-d'œuvre. Il en est resté des copies transcrites sur ses manuscrits, des résumés faits de mémoire par des auditeurs enthousiastes et qui ont été richement reliés à l'époque, en manière de livres de piété (2).

Il était accompagné d'un autre oratorien, le Père Laisné, qui venait de débuter très brillamment à l'Oratoire par l'oraison funèbre du chancelier Séguier. Mme de Sévigné en a fait de son action un charmant tableau. Elle ajoute : « C'est un jeune homme de vingt-huit ans, intime ami de Monsieur de Tulle, qui s'en va avec lui. Nous le voulions nommer le chevalier Mascaron, mais je crois qu'il surpassera son aîné (3).

Le Père Laisné n'a pas tenu les promesses de la spirituelle marquise. Il est vrai qu'il mourut jeune. Lui aussi jugea que le troupeau de son ami était digne de ses enseignements. Il commença dans la cathédrale de Tulle (4) les célèbres conférences sur l'Ecriture sainte qu'il continua au séminaire Saint-Magloire et qui lui firent tant d'honneur.

Mascaron, dans la plénitude de son talent, n'en était pas moins ardent à l'étude, passionné d'agrandir ses connaissances. Un Père Jésuite du collège entendait très bien l'hébreu, il en profita pour apprendre cette langue, prenant de ses leçons comme un simple écolier. Mais il s'en cachait, demandant avec bonhomie qu'on ne fit pas connaître ce dessein.

---

(1) Bourdaloue et Fléchier que d'aucuns lui préféraient.
(2) M. Lebanneur écrit, p. 47 : « Il ne reste rien à Tulle concernant Mascaron. » M. Lebanneur n'est pas venu y voir. Il reste au contraire à Tulle de nombreuses traces de ce pontificat débonnaire et bienfaisant. Je possède, pour ma part, nombre d'actes de l'administration trop courte de M. de Tulle et deux volumes manuscrits de ses sermons, trouvés à Tulle.
(3) *Lettres*, t. III, p. 57. C'est une des plus jolies lettres de la marquise.
(4) C'est le P. Bordes qui donne ce renseignement dans sa Vie de Mascaron, en tête de ses *Oraisons funèbres* (Paris, 1704).

« Le monde est si extravagant qu'il trouve à redire à toutes choses (1). » La théologie, l'histoire, la pure littérature, il embrassait tout. « Ce bel esprit, nourri de l'antiquité, se plait à notre histoire nationale, si négligée alors », dit M. Lebanneur. Il se faisait envoyer de Paris toutes les publications nouvelles de quelque valeur. Etienne Baluze, avec lequel il entretenait commerce d'amitié, était chargé de ce soin (2). Sa correspondance avec ce grand érudit nous le montre sous le plus aimable aspect. On le voit, dit le très regretté Tamizey de Larroque qui a publié ces lettres, « on le voit simple, bon, cordial, aimant fort ses amis, aimant beaucoup les livres et méritant par là que les bibliophiles de notre temps saluent en lui un de leurs plus fervents et plus vénérés confrères d'autrefois (3). » Notre épistolier était de ses correspondants. Nous avons les lettres de celui-ci, malheureusement sans les réponses.

Mascaron ne passa à Tulle que huit ans. Il y fut aimé et honoré, y fit du bien, n'en emporta que d'agréables souvenirs. Mais les revenus très modiques de ce petit évêché n'étaient point assortis à ses goûts de bibliophile, à ses habitudes de représentation, à ses relations d'homme du monde. On en avait fait un couplet :

> Bien que tout évêché soit bon,
> Tulle est trop peu pour Mascaron.
> Il n'en demeurera pas là,
>   Alleluia.

Dans son clergé, il y avait plusieurs hommes distingués, des prédicateurs diserts, des écrivains qui firent imprimer sous

---

(1) Lettre à Etienne Baluze.
(2) Baluze a justement vanté les qualités de Mascaron qui le traitait en ami, malgré l'écart entre les situations sociales. Il n'en fut pas de même avec son successeur qui le prenait de haut avec un bibliothécaire, quoique son mérite ni sa modeste origine ne pussent excuser cette morgue. Baluze a raillé, dans une lettre à son neveu Melon, cet « évêque de lait », fils de Pérette, la nourrice de Louis XIV. La malice tulloise avait désarmé devant la bonté et la générosité de Mascaron. Humbert Ancelin, rogue, processif, intéressé, fut chansonné et brocardé comme pas un, finalement dut changer son évêché pour une abbaye. V. *Histoire du Collège de Tulle*, pp. 133-134.
(3) *Notes pour servir à la biographie de Mascaron*, écrites par lui-même (1863); *Lettres et Billets inédits de J. Mascaron* (1884).

sa direction et par ses conseils divers ouvrages (1). Plusieurs chanoines étaient des correspondants zélés de Baluze, l'ont beaucoup aidé pour son *Histoire de Tulle*. Il existe dans ses fameuses Armoires de nombreux travaux de ces prêtres éclairés.

La renaissance catholique qui marqua le commencement du xvii° siècle avait peuplé Tulle de couvents. Quatre instituts de religieux s'y étaient installés. Les Récollets y vinrent les premiers. C'était un ordre mendiant mais aussi un ordre lettré et prêcheur. Plusieurs de ces moines de Saint-François ont fait imprimer à Tulle. L'un d'eux, le P. Bruno Chassaing, d'Egletons, acquit même un peu trop de notoriété par sa plume et attira des désagréments à son ordre. Le prédécesseur de Mascaron avait dû le faire emprisonner à raison de ses doctrines contre la discipline de l'Église. Le P. Tarneau eut une existence plus calme, malgré le titre belliqueux de son ouvrage (*Le Glaive-Bouclier des Catholiques*), in-folio imprimé à Tulle en 1658. Les Récollets avaient une très belle bibliothèque contenant un grand nombre de précieux ouvrages (2). Elle a été pillée à la Révolution. Les épaves en sont parvenues à la Bibliothèque communale de Tulle.

Mais l'ordre le plus distingué par la culture et l'amour des lettres était sans contredit celui des Jésuites qui avaient pris le collège en 1621. Vers le règne de Mascaron, spécialement, il y avait là un groupe de professeurs et de littérateurs remarquables, les PP. Gaudin Frizon, Bonnet, de Fénis, grammairiens, poètes, orateurs (3). Le collège de Tulle, à cette époque, ne fut pas seulement un établissement d'instruction de premier ordre, mais une véritable académie. Les exercices dans le cours de l'année et aux distributions des prix étaient des plus brillants. Chaque année on jouait en grand apparat une tragé-

---

(1) Je veux nommer l'abbé Coderc, fécond versificateur en français et en limousin, auteur de cantiques, de complaintes populaires, de traductions rimées des légendes des saints, et dont je conserve les nombreuses élucubrations manuscrites.

(2) Le catalogue en est consigné dans le Cartulaire ms. des Récollets qui fait partie de mes archives.

(3) V. *Histoire du Collège de Tulle*, pp. 98, 334 et *passim* pour les nombreux ouvrages publiés par ces Pères et la plupart imprimés à Tulle.

die ou une comédie de la façon des Pères, avec chœurs, solos et ballets où paraissaient jusqu'à quarante acteurs. L'influence littéraire de la Compagnie s'étendait au delà des murs du collège, elle fomentait autour d'elle une vive émulation pour travaux de l'intelligence. Nous ne parlons que pour mémoire des Feuillants et des Carmes qui fournissaient leur contingent d'hommes instruits, mais furent toujours assez effacés.

Il y avait à Tulle cinq couvents de femmes : Clarisses, Ursulines, Bernardines, Visitandines, Bénédictines. Tout en étant séparées du siècle, ces nombreuses religieuses, des meilleures maisons de la ville et de la province, par la distinction de leur esprit et de leurs manières, par leurs relations de parenté et celles que leur amenaient l'éducation des jeunes filles, les soins des malades, la direction des bonnes œuvres, ne manquaient pas d'action sur la politesse des mœurs et les habitudes de société. Au XVIIe siècle, telle assemblée dans un parloir de couvent parisien n'avait rien à envier aux samedis de Mlle de Scudéry.

Avec le clergé, la magistrature représentait l'élément intellectuel de la ville. En dehors de la justice ordinaire qui était de la seigneurie de l'évêque, Tulle possédait trois juridictions royales : le sénéchal, le présidial, l'élection. Les deux premières, avec des attributions différentes, administraient la justice civile et criminelle. Elles pouvaient compter, y compris les gens du roi, jusqu'à vingt-cinq magistrats, lorsqu'il n'y avait pas cumul sur une même tête d'une charge dans chaque tribunal. Le sénéchal, le présidial comportaient un lieutenant-général, des lieutenants particuliers, des présidents, des conseillers, un procureur et des avocats du roi. Tous ces officiers qui avaient acheté leur charge, avaient leurs degrés en droit, quelques-uns étaient docteurs.

Plusieurs de ces magistrats du siège ou du parquet, lieutenant-général, procureur du roi, furent en même temps conseillers d'Etat. C'étaient des personnages, d'autant que leurs fonctions s'étendaient à certains objets de l'administration préfectorale de nos jours.

Cette double juridiction siégeait dans un local fort délabré, ancien réfectoire du monastère, pièce de cent pieds de long, dans œuvre, sur trente de large et quarante de hauteur, dont les voûtes menaçaient ruine au point de laisser échapper parfois quelque pierre, au grand émoi des assistants. On le nommait le palais des Mazeaux, à cause du voisinage de la porte de ce nom, et la justice s'y rendait avec une grande pompe. Les murs étaient parsemés des armes de France et les juges étaient assis sur les fleurs de lys. Comme aujourd'hui dans les cours souveraines, des discours très soignés étaient prononcés aux audiences de rentrée et lors de l'installation des chefs. Nous avons de ces harangues de la façon des deux lieutenants-généraux qui ont le plus marqué à cette époque : Pierre de Fénis et Ignace de Fénis, son fils. Elles sont d'un style recherché, pleines d'emphase, bourrées de citations latines. La littérature judiciaire était ainsi. Comme ces actions étaient obligatoires, pour ainsi dire, et devaient revêtir une forme, à la fois savante et littéraire, tel président qui acquérait sa charge un peu jeune, se procurait une harangue toute faite chez quelque avocat renommé de Paris ou de Bordeaux. Il y a de ces trahisons dans les vieux papiers (1).

Pierre et Ignace de Fénis avaient illustré la charge de lieutenant général au sénéchal et au présidial. Baluze parle avec les plus grands éloges de Pierre de Fénis (2) sans oublier son fils Ignace. Tous deux étaient très lettrés, ont laissé des œuvres poétiques imprimées et manuscrites.

Mascaron ne les connut pas. Ignace était mort en 1661. Sa charge fut acquise au prix de 64.000 livres, (plus de 200.000 francs d'aujourd'hui), par M. Pierre de Clary, auquel succéda, en 1664, M. Martial de Clary, baron de Saint-Angel. Ce fut celui-ci qui harangua Mascaron à son arrivée. L'office passa, par vente du 17 octobre 1674, à M. de Chabanes, avocat renommé dont on a aussi des œuvres imprimées (3).

La juridiction des élus, cantonnée dans les affaires financières, l'assiette et la levée des tailles, les services de tréso-

---

(1) Pièces de mes archives.
(2) « .....Cujus memoria, quandiu virtutibus ac laudibus locus erit, nunquam intermoritura est ». *Hist. Tutelensis*, p. 240.
(3) Voici quelques noms des magistrats attachés à cette époque au sénéchal ou au présidial : de Fénis, Darche, de Lespinasse, Jarrige, Rivière, de Larue, Plasse, de Braquilanges, de Jaucen, La Salvanie, Brossard, Baluze, etc.

rerie, était d'un ordre un peu moins relevé. Cette magistrature ne nécessitait pas autant d'instruction en droit, et les charges s'achetaient à meilleur compte. Néanmoins, les élus étaient conseillers du roi. Le personnel se composait de présidents, de conseillers et d'un procureur du roi (1).

L'élément militaire était représenté par le vissénéchal et la maréchaussée (2), à titre permanent, et par les régiments de cavalerie envoyés (trop souvent, au gré des habitants) pour passer leurs quartiers d'hiver.

Le barreau était naturellement nombreux auprès de ces multiples tribunaux (3). Il a toujours été assez fortement constitué. L'aptitude à la science du droit, à la pratique des affaires, propre au terroir, était entretenue par des habitudes processives. Les « témoins de Tulle » n'avaient pas bonne réputation. La science reconnue des médecins, les Meynard, les Peyrat, les Peschadour, etc. (4) étendait au loin leur clientèle. Plusieurs ont fait imprimer. Très peu de rentiers et d'oisifs. La noblesse restait aux champs. Tulle ne fut jamais une ville aristocratique. Tous les naturels cherchaient à tirer parti de leur activité. Ceux qui ne se tournaient pas vers les professions libérales s'employaient à l'industrie et au commerce où l'on compta toujours des représentants des meilleures familles.

Le théâtre où notre acteur jouait son rôlet est maintenant connu, superficiellement du moins, et cela suffit. Il est temps de le présenter en personne. Je suis resté longtemps sans pouvoir préciser son identité. Il existe, de diverses mains, plusieurs copies de ses lettres (5), mais le recueil ne nous est pas arrivé complet. Aucune de ces copies n'indique le nom de l'auteur dont les écrits étaient si prisés. Une de ces missives, relative

---

(1) Magistrats de l'élection : Meynard, du Fraysse, Lamore, de Lespinasse, Borderie, Darche, Baluze, Teyssier, Maruc, Dupuy, de Saint-Priest, de Labeylie, etc.
(2) Darluc, vissenechal, Lamore (de Lamirande), lieutenant de maréchaussée.
(3) Avocats vers 1672 : Mes Baluze, Rivière, La Fagerdie, Darche, Boysse, de Latour, Malaurie, Brossard, Dumyrat, Ceaux, etc., etc.
(4) Docteurs en médecine ainsi que MM. Pouch, Rabanido, etc. V. René Fage, *Dictionnaire des Médecins du Limousin* (1895).
(5) Faites à diverses époques et trouvées en divers dépôts. L'une d'elles paraît être autographe.

à des discussions de famille m'a mis d'abord sur la voie. Voici cette lettre. La littérature y est amalgamée de questions d'intérêt matériel peu attrayantes, mais elle nous montre du même coup l'homme et l'écrivain et, sous ce double aspect, ses qualités et ses défauts. Il ne faut point pourtant le juger sur ce seul échantillon.

A *Monsieur de Lagarde, juge.*

On ne m'avoit rendu ni les lettres de M. de Tulle (1), ny celles que vous m'avez adressées par le messager de Limoges, lorsque M. Lasselve est arrivé ; et depuis que vous avez quitté Lyon la seule chose qui m'estoit venue de vostre part estoit une envelopppe escrite de vostre main d'un caractère desguizé, qui me fut envoyée de Montpellier. Mais enfin l'on vient de me donner une dépesche qui m'a consolé du desplaisir que je sentois pour la perte tant du paquet de M. de Tulle que de la lettre dont il vous avoit plu de m'honorer : car après tout, quoique la première et la dernière se ressemblent assez, quoiqu'elles soient l'une et l'autre plustost des enfans de l'esprit que du cœur et quoiqu'elles partent moins des mouvemens de la tendresse que des artifices de la politique, toutefois j'aurois du chagrin qu'on m'eut privé de la plus ancienne ; parce qu'ayant résolu d'ajouter foy à ce que me dit la plus récente et de vous laisser abuser de ma crédulité pour la troisième fois, il me faschoit que l'aînée n'eut pas sur la cadette l'avantage de me tromper. Joint que j'avois dépit de me figurer que vous aviez choisi, selon vostre coustume, des paroles magnifiques pour exprimer le repentir et l'affection que vous me devez, et que cependant l'on m'empeschoit de voir une si belle douleur et une amitié si riche. Maintenant que j'ai reçu ces deux titres de la plus inviolable union qui puisse estre, je suis guéri de mon inquiétude et il ne me reste qu'à répondre que de mon costé je souhaite une réconciliation constante entre nous avec une passion pareille à la vostre. J'ay l'honneur d'estre chrestien, quoiqu'indignement, et ce caractère m'oblige d'étouffer les ressentimens des offenses que j'ay receües et de vous demander pardon, comme je fais de tout mon cœur, des choses qui pourroient vous avoir déplu dans ma conduite. Je voudrois mesme qu'il me fut possible de disposer de ma mémoire pour en effacer les diverses calomnies dont vous avez essayé de me noircir et plust au ciel qu'il ne m'en souvint jamais. Néantmoins, puisque je ne scaurois oublier ce qui s'est passé, je vous supplie de vous contenter de la déclaration que je vous fais que malgré le souvenir qui m'en restera toute ma vie, je n'en auray jamais

---

(1) Mgr de Rechignevoisin de Guron.

aucune amertume de cœur contre vous et que dans toutes les occasions où vous daignerez m'employer je vous rendray mes services avec chaleur. Ainsy vous devez estre assuré que je ne m'opposeray jamais à la réunion des cœurs que vous témoignez désirer et la seule grâce que je vous demande est celle de n'exiger point de moy que les corps entrent dans nostre commerce et que vous me permettiez de les séparer. Je confesse que je suis dans la pensée de me retirer à Tulle au prochain mois de septembre, mais en vérité je n'ay point celle de vous estre à charge ni d'aller occuper un appartement que vous pouvez louer si cher ou habiter avec tant de plaisir. Je prends des mesures bien éloignées et vous me trouverez toujours invincible sur cette matière. Il n'est pas d'une nécessité absolue pour bien vivre que l'on vive ensemble. Il me suffira d'estre citoyen de la mesme ville et de jouir du mesme air sans jouir de vos héritages et je deviendray si scrupuleux à ne vous point incommoder que je serois inconsolable si je tombois dans le malheur de vous couster de la peine ou de la despense. Jugez après cela quel seroit mon désespoir si vous entrepreniez un voyage à Lyon en ma considération et que je fusse le véritable motif de ces frais et de cette fatigue. Voilà quels sont mes sentimens et quelle est la ferme résolution que j'ay prise, mais je ne pense pas que vous ayez l'injustice de vouloir confondre l'homme civil avec le chrestien et nostre réconciliation n'exige pas que je vous laisse mon bien entre les mains dans un temps où je suis indispensablement obligé de l'en retirer pour une affaire que j'ay faite. Les grandes assurances que vous m'aviez données que trois mois ne s'écouleroient pas sans que je fusse payé, les bravoures que vous en aviez faites en divers lieux, la dureté que vous aviez trouvée à me donner quatre et demi pour cent en constitution de rente, un silence de sept mois et tant d'autres conjonctures m'ont déterminé à me tenir prest de placer icy le peu de bien que vous me devez. Je voy cependant que vous avez tourné les choses d'un autre air et que vous n'avez pas esté aussy exact que je me le figurois. Mais j'espère que vous y mettrez ordre au plustôt et si les bons comptes font les bons amys vous contribuerez de vostre costé à serrer estroitement les nœuds de l'affection dont vous me faites de si beaux projets. En attendant la dessus vostre bonne réponse, je suis, vostre.....

De Lyon, ce 13ᵉ de mars 1667.

Le ton de cette lettre, les détails qu'elle contient indiquent clairement un conflit d'intérêt entre deux proches parents, deux frères vraisemblablement. Il s'agissait donc de retrouver l'état de famille du juge Lagarde. Le hasard a servi mes recherches intermittentes.

Jean-Martial Lagarde, ou de Lagarde (*ad libitum*, suivant l'usage du temps), sieur de Celaur, avocat en la cour, juge

ordinaire de Tulle, avait trois frères : Martial de Lagarde, docteur en droit canon, qui fut clerc, prêtre et plus tard conseiller au présidial, Antoine Lagarde, marchand, et Joseph Lagarde dont la profession n'est pas connue.

Je penchais d'abord pour ce dernier à raison du caractère profane des épîtres, mais un acte de notaire est venu rectifier cette attribution. En 1672, Martial de Lagarde, prêtre, plaidait avec son frère le juge au sujet de ses droits patrimoniaux. *Au moment de partir pour Lyon*, il donnait à son frère Antoine, marchand, procuration pour le représenter dans ce litige. Il est question, au cours du procès, d'*un jardin dudit abbé de Lagarde*, dont celui-ci avait confié la gestion à son autre frère Joseph Lagarde. Le juge s'était saisi du jardin et le tenait fermé après avoir changé la serrure. Joseph protestait, déclarait que le jardin était garni de plantes et herbages rares et de grand prix *et que le juge le laissait dépérir*, à l'encontre du mandat qu'il avait (lui Joseph) de l'entretenir et le soigner (1).

Or, la lettre précédente s'applique certainement au procès encore pendant en 1672, et dans une autre lettre du même recueil, datée du 31 mai de cette année 1672, nous lisons : « Pendant mon absence on a négligé la culture de mon jardin en telle façon qu'il n'y paraît plus que des herbes, mais j'auray bientôt restably par mes soins ce qu'on laissoit ruiner par paresse. »

L'anonymat est donc dévoilé. L'auteur de nos lettres est l'abbé Martial de Lagarde. Nous savons qu'il était prêtre en 1672 et d'autres documents nous apprennent qu'il fut plus tard, conseiller au présidial (2), et qu'il mourut avant 1710 à Lyon où il avait souvent résidé (3). Il avait, en 1699, donné aux Récollets de Tulle sa bibliothèque composée de 400 volumes (4).

---

(1) Pièces de mes archives.
(2) On lit dans une lettre d'Antoine Baluze, chargé d'affaires du roi de Pologne, datée à Varsovie le 17 août 1674 : « M. Lagarde va donc être conseiller à Tulle. » *Bull. de la Société scient. de Brive*, t. VI, p. 516.
(3) Actes concernant sa succession. Pièces de mes archives.
(4) « M. l'abbé Lagarde, conseiller du Roy au présidial de cette ville et frère de feu M. le juge Lagarde de Celaur, a donné à notre bibliothèque près de quatre cens volumes. Tous ces livres furent portés icy par les soins du R. P. Elie Negreyrie, custode, à qui led. sieur Lagarde les avait promis lorsqu'il estoit à Lion et à qui il en adressa la donation, l'an 1699. *Cartulaire des Récollets*, f° III.
— Le nom de Lagarde est très ancien à Tulle. Dès le XIII° siècle

L'abbé de Lagarde a eu pendant de longues années la liberté de ses mouvements. Il voyageait beaucoup, faisait de fréquents séjours à Lyon où il était répandu dans la meilleure société et où il retrouvait d'ailleurs des membres de sa famille (1). Il prenait l'air des cours à Paris, à Turin, faisait des saisons à Marseille, à Chambéry, à Aix en Savoie. Ses lettres sont expédiées de ces différents lieux.

J'aime à croire que les premières lettres qui vont suivre sont antérieures à son entrée définitive dans les ordres sacrés (nous ignorons s'il était prêtre avant 1672 et ses premières lettres sont plus anciennes) (2). Cependant, comme nous voulons être de notre temps, nous devons admettre que nos devanciers aient été du leur. Revenons en arrière, faisons-nous pour un instant citoyens du pays de Tendre et nous saurons qu'il était arrosé par trois fleuves de ce même nom dont deux ne conduisaient qu'à *Estime* et à *Reconnaissance*, en baignant néanmoins les jolis villages de *Nouvelle Amitié*, *Empressements*, *Petits Soins*, *Billets Galants*, *Respect*, *Générosité*, *Grands Services*, *Constante Amitié*... (3). Ces rivages n'étaient point blâmés et « l'honnête homme » y fréquentait sans crainte sinon sans danger. Et rappelons-nous les jolis vers de Voiture à la fière Anne d'Autriche qui les paya du plus bienveillant sourire.

---

on y trouve un Lagarde bourgeois, propriétaire de fiefs et dont le fils se qualifie donzel (damoiseau). De ce nom, et vraisemblablement, de la même origine, on connaît au xivᵉ siècle des princes de l'Eglise, cardinaux, archevêques, patriarches, et les nobles seigneurs de Lagarde-Tranchelion. Au xviiᵉ siècle, la souche bourgeoise, restée à Tulle, était divisée en trois branches, qui reconnaissaient leur parenté : Lagarde du Masmartel, Lagarde de Celaur, Lagarde de Rajaud. De cette dernière étaient issus nos contemporains : Mᵉ Lagarde, avoué, l'abbé Lagarde, et M. le colonel Lagarde qui n'a laissé qu'une fille. Ces Lagarde avaient des armoiries parlantes : une poignée (garde) d'épée, avec un chef de 3 étoiles. — C'est aux libéralités d'un des membres de cette famille, le sieur Lagarde, élu, décédé en 1684, qu'est due la fondation du Grand-Séminaire de Tulle.

(1) Une branche y resta fixée. Un de ses membres y fut libraire.
(2) Dans sa lettre à son frère, il dit : « J'ay l'honneur d'estre chrestien, quoiqu'indignement. » Il semble que s'il eut été prêtre il eut accentué davantage la déclaration.
(3) Cette géographie est de Mˡˡᵉ de Scudéry dans *Clélie*. L'abbé d'Aubignac (abbé de Meymac près Ussel) en avait fait une autre du même genre : *Relation du royaume de Coquetterie* (1654).

Un jour qu'il se promenait d'un air mélancolique dans les jardins de Rueil, la reine survint et lui demanda à quoi il pensait. Il sortit de sa rêverie pour lui répondre après un silence :

> Je pensois que la destinée
> Après tant d'injustes malheurs,
> Vous a justement couronnée
> De gloire, d'éclat et d'honneurs,
> Mais que vous estiez plus heureuse
> Lorsque vous estiez autresfois,
> Je ne veux pas dire amoureuse,
> La rime le veut toutesfois.
> Je pensois, nous autres poètes
> Nous pensons extravaguamment,
> Ce que, dans l'humeur où vous estes.
> Vous feriez si dans ce moment
> Vous avisiez dans cette place
> Venir le duc de Buckingham
> Et lequel seroit en disgràce
> Du duc ou du père Vincent.

Le père Vincent, le confesseur de la Reine ? Non, c'est Vincent Voiture, le fils du marchand de vin, qui coquetait, pour l'amour de l'art, avec sa souveraine, comme jadis Gombaud avec Marie de Médicis !

Et relisons l'épître de Mme des Houlières à notre évêque Mascaron, en 1672 :

> Des bords du fameux Lignon,
> Le moyen de vous écrire :
> L'air de ce pays respire
> Je ne sais quel air fripon
> Qu'il n'est pas propre à vous dire.
> . . . . .
> Ce rivage où chaque jour,
> Sans avoir eu part au crime,
> Chaque cœur sert de victime
> Aux vengeances de l'Amour.
> Ici tout ce qui respire,
> Se plaint, languit et soupire.
> Dans les forêts les oiseaux,
> Dans les plaines le zéphyre,
> Les bergers sous les ormeaux,
> Les naiades dans les eaux,

> Tout sent l'amoureux martyre,
> Et tout sert, en nous parlant
> Contre l'auguste sagesse,
> A mettre en goût de tendresse
> Le cœur le plus indolent.
> Vous dont l'âme indifférente
> Ne connoît aucun souci,
> Pour l'avoir toujours contente
> Profitez de tout ceci,
> Et quelque espoir qui vous tente,
> Ne venez jamais ici.

Elle avait alors quarante ans. Elle fut la femme la plus vertueuse et la plus passionnément attachée à son mari. C'était la littérature, « l'écriture » du temps. Honni soit qui mal y pense !

Après cette digression, nous transcrirons plus à l'aise les « billets galants » de l'abbé de Lagarde à Mme de la Calprenède (1).

A Madame de la Calprenède.

> Mon cruel désespoir s'augmente,
> Je me sens à l'extrémité,
> Ma douleur est plus violente
> Qu'elle ne l'a jamais esté.

Ouy, divine Délie, je suis plus affligé que je ne l'estois mercredy dernier, et mon désespoir n'est pas de ceux que le

---

(1) Lire l'historiette de la Calprenède dans Tallemant des Réaux. Elle n'est pas à reproduire ici : Mme de la Calprenède était fille d'un riche gentilhomme de Normandie nommé de Tonancourt. A ce que dit cette méchante pièce de Tallemant, elle aurait été, encore toute jeune, unie, par les manœuvres d'une sœur de son père, à un nommé La Lande. Ce mariage célébré par un laquais déguisé en prêtre étant radicalement nul, elle épousa à quelque temps de là un vieux cavalier nommé Vieuxpont. Elle se divertissait toujours avec La Lande. Vieuxpont mourut laissant un garçon dont La Lande réclamait la paternité, se prétendant légitime époux. Il perdit son procès. Mme de Vieuxpont se remaria à un jeune homme de bonne famille, M. de Brac. La Lande l'appela en duel. Dix-huit mois après, M. de Brac fut tué d'un coup de pistolet dans la rue. On crut que La Lande s'était vengé. La Calprenède connaissait Mme de Brac. « Elle était folle de ses romans. Elle l'épousa à condition qu'il finirait la *Cléopâtre*. Cela fut mis dans le contrat ». Ce troisième ou quatrième mariage ne fut pas sans anicroches. Il y eut brouille, puis séparation.

temps fait diminuer. Mon chagrin s'accroît et le mal que vous me faites est si pressant que je serois sans doute plus stupide que sage si je ne me plaignois et si je ne murmurois de vostre absence. Aussy n'attendez de moy que des lettres tristes et désolées, pleines de soupirs, de larmes, de murmures, de plaintes, de marques d'impatience. Je me persuade que si vous me faites l'honneur de m'escrire et que vous me parliez de vos occupations, je les trouveray bien différentes des miennes ; car hélas ! je croy, pour mon malheur, que vous vous divertissez agréablement à la campagne et que vous y passez le temps en repos pendant que le tendre Alcimède gémit et soupire sous le poids de sa douleur.

> Lorsque toute la nuit à Saint-Jean de Livet (1)
> D'un tranquille sommeil on dort sur le duvet,
> Lorsque le jour on s'y promène
> Qu'on gouste les plaisirs que le printemps ramène
> Et qu'on mesle agréablement
> Les accords de la voix à ceux d'un instrument,
> On s'enferme à Paris dans une chambre obscure
> On veille, on souffre, on pleure, on se plaint, on murmure.

Voilà, charmante Délie, les nouvelles que j'attends du lieu où vous estes et voilà toutes celles que je puis vous envoyer du lieu où je suis ; car en vérité depuis vostre départ, je n'ay sceu que ce qui se fait dans ma chambre et le dernier vers que je viens d'escrire vous rend un fidelle conte de tout ce qui s'y passe. Je ne veux pas troubler vos plaisirs par mes plaintes, mais au moins, si vous estes pitoyable, donnez quelques momens à la triste pensée de l'estat où je suis et faites que des mouvemens de pitié suivent vos divertissements ordinaires.

> Il faut que la tendresse à vos plaisirs succède
> Et que de temps en temps d'un esprit affligé
> Vous pensiez aux douleurs où vous avez plongé
> Le triste et chagrin
> ALCIMÈDE (2).

De Paris.

A Madame de la Calprenède.

Je ne puis vous dire, aimable Délie, que vous m'ayez laissé tout triste à Paris, puisque vous n'y avez laissé que la moitié

---

(1) Château en Normandie que Mlle de Tonancourt avait apporté en dot ainsi que Vatimesnil et autres terres.

(2) On pourrait encore trouver un renseignement d'identité dans le nom de fantaisie choisi par notre épistolier. Alcimède est un composé de deux mots grecs dont le premier signifie *garde, défense* et le second *régner, gouverner*, par extension, *défendre, garder*.

d'Alcimède. Il est bien extraordinaire d'estre ainsi séparé de soy mesme et je suis fort estonné de ne me trouver par icy tout entier et d'avoir le cœur à deux ou trois journées du corps.

    Sans mentir, je ne fus si surpris de ma vie.
    Comme un triste captif mon cœur vous a suivie
        Et les esclaves enchaisnés
    Par de fiers conquérans en triomphe menés
        Estoient une fidelle image
    Du cœur qui vous suivoit durant vostre voyage.

Mais, divine Délie, que cette moitié d'Alcimède que vous avez laissée à Paris est en un déplorable estat ! Il est certain que si je pouvois par quelque apparition me montrer à vous aussi désolé que je suis, je vous toucherois de pitié. Mon chagrin est plus fort que ma raison. Il y a des instans où toutes mes pensées vont au désespoir et quelquefois je me trouve si faible et si languissant que je me sens défaillir et que je ploye sous le mal que l'absence me fait.

    Ma cruelle douleur est sans comparaison.
    La grandeur d'âme et la conscience
    Pour moy ne sont plus de saison ;
    Souvent je m'abandonne à mon impatience,
    Quelquefois de langueur je tombe en défaillance
    Et lorsque je reviens de cette pamoison,
    Pressé de mes tourmens et de leur violence,
    Je demande avec rage un fer et du poison
        Afin d'accourcir ma souffrance,
        Et qui voit mon extravagance,
        S'apperçoit bien que votre absence
        Cause celle de ma raison.

Ne croyez pas que le récit de ce que je souffre soit une exagération, je ne vous explique mes transports qu'imparfaitement et tous mes amys me trouvent si triste, si peu capable de consolation, si changé, si abattu, qu'ils ont de la peine à me reconnoistre. En vérité, l'absence fait d'estranges effects en un homme tendre et vous seriez-vous imaginée que dans si peu de temps j'eusse tant souffert ! Je ne le prévoyois pas moi-mesme et je ne pensois pas qu'Alcimède changeast de couleur, perdit le repos et devint malade dès qu'il ne verroit plus sa Délie.

    Mais, hélas ! mon visage est déjà si défait
        Du mal que l'absence me fait
        Et du chagrin qui me possède,
            Que sans doute, à votre retour,
    Si je ne suis connu par mon fidelle amour,
    A peine croirez-vous que je sois

De Paris.   ALCIMÈDE.

Madame de la Calprenède devait payer de la même monnaie l'abbé de Lagarde. Elle faisait, dit Tallemant « assez mal des vers et de la prose ». Il ajoute : « On a imprimé quelque chose d'elle qui s'appelle le *Décret d'un cœur amoureux* où l'on décrète [c'est-à-dire on vend sur saisie] un cœur (1) ».

Encore quelques lettres de pur marivaudage — hélas, elles le sont toutes ! — antérieures à 1672. Dans une des copies, les lettres sont rangées par catégories en empruntant en partie leur désignation aux fameuses lettres de Boursault : *Lettres de respect, d'obligation et d'amour*. Mais *amour* est remplacé par *complimens* et on a ajouté les articles *félicitations* et *consolations*. Plusieurs de ces cahiers auxquels le copiste renvoie sont perdus. Les regrets peuvent être modérés. Notre curiosité est bien satisfaite avec ce qui a survécu. Ce qu'il y a lieu peut-être de regretter davantage, c'est que ces transcriptions aient été faites exclusivement au point de vue littéraire, didactique pour ainsi dire, et que l'auteur ou le copiste n'ait retenu sur la minute que les parties qu'il considérait comme des modèles de style. Le reste est supprimé et remplacé par des points. Nous n'avons en général que des extraits. Les nouvelles courantes, les observations de mœurs, les jugements sur les personnes offriraient sans doute plus d'intérêt. L'enseignement est suranné, le renseignement serait neuf.

Et puisque nous avons prononcé le nom de Boursault, disons que nous aurions pu également lui donner l'honneur d'avoir été imité par l'abbé de Lagarde. Ils vivaient au même temps, furent contemporains par la naissance et par la mort. L'abbé n'a pas ignoré les Lettres à Babet (2). Il en avait copié bon nombre à la suite des siennes, mais il préférait l'ancienne mode. Boursault est plus moderne.

---

(1) L'éditeur donne en note quelques vers de cette pièce singulière :

« On adjugea ses devoirs à Sylvie,
A la jeune Chloris, les douceurs de sa vie,
A Philis, ses tourmens,
A la divine Iris ses mécontentemens... »

Et ainsi de suite.

(2) Edme Boursault, 1638-1701. Les *Lettres de respect, d'obligation et d'amour*, connues sous le nom de *Lettres à Babet* avaient paru en 1666. Elles sont d'une langue très pure, plus naturelle que celle de Voiture, de Balzac... et de l'abbé de Lagarde.

A Madame de Moulceau (1).

Je vay gronder contre vostre jardin, Madame, puisqu'il me prive de vos lettres, et je suis tenté de me plaindre à la déesse Flore de ce que monsieur votre père me mande que vostre empressement pour vostre parterre vous empesche de m'escrire.

> Ce monsieur le parterre est un joli mignon
> De vous conter ainsi tous les jours des fleurettes,
>   Et de vous parler d'amourettes ;
>   Et vous, en l'estat où vous estes,
>   Vous ne scavez ce que vous faites ;
> Et peut-estre des gens qui ne sont pas tant bestes
>   Ne trouvent pas cela fort bon.

Nous vivons dans un siècle si malin que cette amitié, toute innocente qu'elle est, ne manquera pas de censure et je parieray que vous donnerez lieu à mille plaisanteries malicieuses.

> Je vous en parle à cœur ouvert,
> Bien des gens sur ce point diront leur ratelée,
> Et riront de vous voir sans cesse régalée
>   Des fleurettes d'un galant vert.

Profitez je vous supplie de cet advis et ne donnez plus tant de temps à vostre jardin. Il vaut encor mieux, ce me semble, se partager entre les gens, et quand vous m'accorderiez quelque petit quart d'heure pour m'escrire, cela ne feroit pas grand tort à vostre parterre, quelque amitié que vous ayez pour lui..... Je suis.....

De Tulle,.... 1669.

---

(1) Moulceau est le même nom que Monceaux et la noble famille de Monceaux de Bar est connue en Bas-Limousin. Mais à cette époque elle ne portait plus que le nom de Bar. Il peut s'agir plutôt de Mme de Moulceau, femme d'un président de la chambre des comptes de Montpellier avec lequel Mme de Sévigné était en correspondance suivie. La marquise parle de la vivacité d'esprit de cette dame, vante la pureté de son langage, ce qui donne ouverture à notre présomption. Elle fait aussi mention du frère du président qui résidait à Lyon. C'est par lui que l'abbé (qui paraît avoir séjourné à Montpellier, (v. lettre au juge Lagarde), avait pu entrer en relation avec son frère et sa belle-sœur. Mme de Moulceau maria sa fille vers 1682. En 1669, elle était encore dans l'âge de la coquetterie. *Lettres de Mme de Sévigné*, t. IV, p. 532 ; VII, pp. 261, 189 et la table.

A Madame de ..... (1).

> Un diseur de bonne fortune
> M'avoit bien présagé qu'en l'an soixante-neuf
> J'aimerois une dame brune
> Dont le cœur seroit encor neuf.
> J'ay ry cent fois de ce présage
> Et l'ay pris pour un badinage,
> Mais en vain j'en ay badiné,
> Je connois que le personnage
> Pourroit bien avoir deviné.

Je ne scay pourtant si vous avez le cœur neuf et quoique vous vous en soyez vantée plusieurs fois, j'ay de la peine à le croire. Je serois mal en mes affaires si vous aviez autant de raison de douter que je suis, Madame, vostre très humble et très obéissant serviteur.

De Paris, le 30 d'avril 1669.

A Madame de .....

....
Si je voulois me venger de cette persécution, j'irois présentement en esprit dans votre chambre et j'y ferois plus de bruit qu'un lutin, mais j'ay l'âme pacifique et je ne veux point de querelle avec vous.

J'ay déjà cherché dans mes papiers l'églogue de Timarète (2) et je l'ay trouvée. Je retoucheray ce petit ouvrage dans peu de jours et je serai très satisfait de mon travail si je le puis mettre en estat de vous plaire.

Pendant mon absence on a négligé la culture de mon jardin en telle façon qu'il n'y paroit plus que des herbes, mais j'auray bientost restabli par mes soins ce qu'on laissoit ruiner par paresse (3).

Je vous supplie de vouloir rendre l'incluse à monsieur vostre frère et de luy dire quelquefois dans vos entretiens que si je ne scay pas luy exprimer par mes lettres combien je l'honore, il est pourtant vray que je sens pour luy dans le cœur une forte inclination et beaucoup de tendresse. Je ne doute point que vous ne me rendiez auprès de luy ce bon office, vous, Madame, qui dans toutes les occasions avez pris pour moy mille soins

---

(1) Le nom du destinataire est resté en blanc sur la copie pour plusieurs lettres.

(2) L'abbé s'exerçait aussi dans le genre pastoral, faisait même des excursions sur le domaine historique. Il est question plus loin d'une comparaison, de sa façon, entre M. le Prince et M. de Turenne.

(3) C'est le passage que nous avons signalé comme fixant l'idendité.

obligeans et qui par vos bontez m'avez engagé à estre toute ma vie vostre très humble et très obéissant serviteur.

De Tulle, ce 31 de may 1672.

Passons aux correspondants tullois, parmi lesquels nous avons fait un choix restreint, pour éviter la monotonie. Voici d'abord un billet concernant l'entrée de Mascaron. Fâcheusement, on n'y a pris que les redondances et les fioritures ; avec un petit couplet de vanité personnelle. Quelques détails sur « ces devises, ces emblèmes, ces machines, ces arcs triomphaux » qui ne touchaient pas beaucoup M. du Lieu, auraient mieux fait notre affaire.

A Monsieur du Lieu, Intendant.

.... L'entrée de M. Mascaron !...
Je ne vous dirai pas tout le superbe appareil de cette pompe. Vous n'y prendriez pas un grand plaisir, car je me suis souvent apperçu que les devises, les emblèmes, les machines, les arcs triomphaux et tout ce qui entre dans ces décorations ne vous touchoit pas beaucoup. Mais, Monsieur, il faut au moins que par vanité je vous raconte ce qui s'est passé à mon égard... Je fus distingué par tant de marques d'estime, par tant d'honnestetez, par tant de soin de me louer à toutes les personnes qui lui parloient que je fus comblé de gloire... Et je vous avoue que si mon cœur avoit esté à moy, il a fait tant de choses pour le gaigner qu'il me seroit impossible de le luy refuser. Mais vous scavez, Monsieur, que je vous l'ay donné depuis longtemps et je ne suis pas tenté de le reprendre...

De Tulle..., juin 1672.

Trois lettres d'obligation et de respect à Mascaron, une d'amabilité à M. Collier, son vicaire général, mais où il n'y a que cela, sauf ce renseignement que Mascaron fît faire, en 1676, d'importantes réparations à son palais épiscopal.

A Monseigneur l'Evesque de Tulle.

... Dans les deux visites que j'ay faites à Madame du Mesnil, j'ai receu tant d'honnestetez de sa part à vostre considération que je ne dois pas oublier de vous en remercier. Cependant, je me plains de vous qui m'avez fait donner dans une embuscade, qui m'avez mis aux mains avec une amazone sans que je fusse préparé à combattre. Elle a si souvent attaqué ma modestie en me disant plusieurs fois que vous lui aviez escrit sur mon chapitre avec beaucoup d'estime, elle m'a porté tant de coups que j'ay bien eu de la peine à me deffendre de ses louanges. Dieu veuille qu'elle ne découvre jamais que je ne vaux pas autant que vous me faites valoir et qu'elle soit toujours persuadée que je ne suis pas indigne, Monseigneur, d'estre vostre très humble et très obéissant serviteur.

De Paris.....

A Monseigneur l'Evesque de Tulle.

Les gens, Monseigneur, qui jugeroient de mon cœur par mon silence auroient bien mauvaise opinion de moy : je n'escris pas quand je n'ai rien à dire et je ne scais si pour avoir tenu cette conduite envers vous depuis que vous estes à Paris, vous ne vous plaignez point de ce que je cultive assez mal la bienveillance dont vous m'honorez, mais quand vous penserez que mes lettres ne sont bonnes à rien en un temps où je ne puis vous estre utile dans cette province, bien loin de me condamner pour avoir gardé jusqu'icy le silence, vous trouverez peut-estre à redire de ce que je le romps aujourd'huy sans aucune raison que de vous rendre tesmoignage du profond respect avec lequel je suis, Monseigneur, vostre...

De Tulle.....

A Monsieur Mascaron, évesque de Tulle.

Vostre indisposition, Monseigneur, quelque légère qu'elle soit, ne laisse pas de m'affliger et vous scavez bien qu'il est raisonnable que j'en aye de la douleur. Quiconque est vostre diocésain prend sans doute beaucoup de part à vostre santé, mais, Monseigneur, les bons offices que vous m'avez rendus et la protection dont vous m'honorez m'obligent d'y prendre un intérêt encore plus vif. Je m'acquitte parfaitement de ce devoir et vous en jugeriez vous-mesme si vous connaissiez la reconnaissance et la vénération que j'ay pour vous. Je suis...

De Paris.....

A Monsieur Collier.

Vous m'aviez tant dit, Monsieur, que vous seriez bientost mort, qu'en ouvrant vostre lettre j'ay promptement regardé si elle estoit dattée de l'autre monde. Mais j'ay reconnu qu'elle estoit escrite de celuy-cy et que vous commenciez à revenir des frayeurs que vous donnoient les réparations au palais épiscopal. Vous voilà doresnavant architecte en titre d'office. Ni le célèbre Amphion qui bastit une ville au son de la lyre, ni la Merlusine qui fit un palais avec sa baguette, n'estoient que de petits ouvriers en comparaison de ce que vous allez devenir. Aussi, Monsieur, je n'ozerois plus vous parler de massonnerie et je vais me retrancher à vous entretenir de peinture et de jardinage.....

De Paris, le 4 d'avril 1676.

Les parents et amis tullois que l'abbé honorait de son commerce épistolaire étaient assez nombreux. Nous ne citerons que ceux dont le nom a laissé quelque trace ; des hommes, M. Dumyrat de Mons, avocat au Parlement (1), M. du Masmartel (Lagarde en son nom patronymique), M. Melon de Fès (2), M. La Selve (3), etc. ; des dames, Mme Darche, Mlle des Donnereaux, Mlle Darluc, Mlle Melon de Fès, Mlle Brossard, etc. (4).

A Monsieur du Masmartel (5).

Ne craignez-vous pas, Monsieur, que je me plaigne des douceurs que vous m'avez dites et vous exposez-vous si facilement à passer pour flatteur ? Vous m'escrivez que les gens comme moy s'attirent l'envie et vous me l'escrivez d'une manière qui persuade que vous avez accoustumé de flatter. En vérité peu s'en faut que je ne vous ande des paroles d'aigreur pour les choses obligeantes que j'ay receues de vous ou que par un autre despit je ne réponde rien à cet endroit de vostre lettre dans lequel vous me demandez comment va *l'envie*. Je ne puis toutefois m'empescher de vous dire combien ce que vous appelez envié et que je nomme caprice m'a menacé de fois depuis mon départ, sans effect, et que j'ay veu briser les flots de la mer à mes pieds. Je n'ay point esclaté contre les vents qui avoient excité la tempeste. J'ay conservé tout mon repos, toute ma raison, toute la tranquillité de mon âme comme dans la bonace et j'ay depuis regardé mes persécuteurs avec les mesmes yeux dont je les voyois autrefois lorsqu'ils me caressoient.

. . . .

J'ajouterois à cette narration un récit des nouvelles de la cour si je n'avois passé quelques jours sans lire aucune gazette par une pure négligence, et dans le temps où je vous escris je ne sçaurois vous rendre compte de ce que viennent faire en

---

(1) Famille qui a fourni un conseiller au Parlement de Bordeaux, un conseiller à la Cour des monnaies de Paris, un gouverneur de Tulle, etc. M. Dumyrat de Mons était le beau-frère du juge Lagarde qui avait épousé en 1665 Jeanne Dumyrat.
(2) Antoine-Joseph Melon, sieur de Fès, époux de Marie Darche, petit-fils de Léone Lagarde, laquelle était tante de l'abbé.
(3) De la famille des La Selve, seigneurs de Bity.
(4) Toutes ces demoiselles, sauf peut-être Mlle des Donnereaux, sont des femmes mariées de la bourgeoisie.
(5) Martial de Lagarde, sieur du Masmartel, de la branche des Lagarde qui a donné les deux premiers lieutenants généraux de Tulle. Il fit son testament le 20 novembre 1681. M. de Lagarde du Chazal, colonel de cavalerie, chevalier de Saint-Louis en 1819, était son arrière-petit-fils. Pièces de mes archives.

France M. le duc de Créquy avec M. le cardinal d'Este. Peut estre que je seray plus instruit une autre fois des affaires d'Estat et je vous en feray de plus longs discours.

La description de vostre establissement est une de ces choses qui entrent dans le cœur en mesme temps qu'elles entrent dans les yeux et je n'ay pu lire sans tendresse et sans joye que vous avez lieu d'estre satisfait de votre séjour à Avignon. Je prends tant de part à ce qui vous touche qu'il me semble que c'est moy-mesme qui ressens les choses qui vous arrivent...

De Lyon.....

A Madame Darche (1).

S'il est vray, Madame, que vous m'ayez fait l'honneur de m'escrire quatre lettres, je ne scay par quel malheur il y en a eu trois de perdues; car il est certain que je n'ay receu que celle du dix de may. Je n'aurois pas manqué de répondre aux autres si l'on me les eust rendues et vous eussiez esté contente de mon exactitude. Vous n'eussiez pourtant rien appris de moy touchant le mariage dont vous voulez que je vous esclaircisse parce que rien n'est venu à ma connoissance. J'ay veu quelquefois M. le lieutenant général (2), sans que je me sois jamais apperceu qu'il eust aucun dessein, je n'y trouve mesme nulle apparence, et selon mon sens ce bruit n'a esté semé que sur des conjectures assez vagues. Son absence me tiendroit longtemps au cœur et si je ne le trouvois pas à Tulle quand j'y seray, il me sembleroit toujours qu'il manqueroit quelque chose à la douceur de ma vie. Espérons, Madame, qu'il n'aura pas la cruauté de nous abbandonner et que nous reverrons un jour tous ensemble; alors. Madame, que ne vous dira-t-il point pour vous convaincre de vostre erreur et que ne vous diray-je point moy-mesme pour vous persuader que je suis comme je le dois, vostre très humble et très obéissant serviteur.

De Paris, le 19 de may 1674.

A Mademoiselle Darluc (3).

En vous escrivant, Mademoiselle, il faut que je commence par me disculper de n'avoir pas respondu plus tost à vos agréa-

---

(1) Les branches de la famille Darche étaient nombreuses. La qualification de « Madame » me paraît ne pouvoir s'appliquer à cette époque qu'à la femme de Jean Darche, sieur du Pouget, trésorier général de France, anobli par sa charge, et qui fit son testament en 1686. Elle se nommait Gabrielle de Maruc et était de la parenté des Lagarde.

(2) Il s'agit de M. de Clary, lieutenant-général, et du bruit de son mariage qui préoccupait Mme Darche. M. de Clary se proposait en effet de quitter Tulle. Quelques mois après, le 17 octobre 1674, il vendait sa charge de lieutenant-général à M. de Chabanes.

(3) Mlle Darluc était Jeanne de Fénis, veuve de Jean Darluc, sieur du Breuil, vissénéchal de Tulle, mort vers 1675. Jeanne de Fénis

bles sommations. Elles ont demeuré huit jours entre les mains de mon frère à qui vous les aviez envoyées trop tard, de sorte que ce n'est pas ma faute si ne les ayant receues que depuis deux jours je ne vous en ay pas remerciée. Je voudrois bien vous rendre maintenant nouvelles pour nouvelles et vous divertir à mon tour par des historiettes, mais vous ne connaissez gueres de gens à Paris et vous n'auriez pas grand plaisir en lisant des récits qui parleroient de personnes dont vous ne scavez pas mesme le nom... J'ay perdu le mémoire de vos commissions. Cela me causa d'abord un sensible déplaisir, j'avoue pourtant que je me suis consolé en faisant réflexion sur le peu d'habileté que j'ay d'exécuter vos ordres selon vostre goust. Vous m'eussiez grondé, Mademoiselle, Mme Darche se fut chagrinée et Mlle des Donnereaux, avec ce fond d'indifférence qu'elle a par devers elle, eut dit froidement que je suis un mauvais connaisseur. Il vaut peut-estre mieux pour mon honneur que la perte de vostre mémoire soit arrivée et je scay bon gré au hasard de cet accident. Rien ne m'a tant réjoui dans vostre lettre que d'apprendre la réconciliation de M. Tilliac avec vous. Il s'y attendoit sans doute et je suis persuadé que dans sa disgrâce il seroit mort de douleur si l'espérance de se raccommoder avec vous n'eust soustenu sa vie. Il me semble que vous luy avez tenu rigueur assez longtemps et c'est dommage que vous l'ayez tant laissé languir. Mais enfin le jour de vostre miséricorde est arrivé, vous avez eu pitié de ses maux et vous l'avez un peu soulagé. Achevez s'il vous plaist l'ouvrage et laissez manger à vostre table le plus constant et le plus fidelle de vos amys. Je vous supplie de le féliciter de ma part du bien que vous lui avez fait. Il ne scauroit recevoir mes compliments par un canal plus beau ny plus agréable.

Si mes conjectures ne me trompent pas, vous avez le cœur plein de joye, car vous en avez répandu par toute vostre lettre et je m'aperçois bien à sa lecture que vous estes fort contente de vous mesme. En vérité vous avez raison et peu de personnes ont lieu d'estre aussi satisfaites que vous. N'est pas veuve qui veut, n'a pas de la beauté qui en désire, n'est pas sœur d'un lieutenant-général qui le souhaite. Mais je ne dois point vous faire souvenir de toutes vos bonnes qualités, cela vous rendrait fière et vous ne conteriez après cela pour rien les promesses que je vous fais d'estre toute ma vie, Mademoiselle, vostre très humble et très obéissant serviteur.

De Paris.

Glanons maintenant, pour finir, parmi les correspondants étrangers au Bas-Limousin et sur lesquels nous manquons de

---

était fille de Pierre de Fénis, lieutenant-général de Tulle, et d'Honorée de Meynard. Ignace de Fénis, qui avait succédé à son père dans sa charge, était son frère. — M. Tilliac n'a pas laissé de trace. Le nom de Tilliac ou Toilhac était commun.

renseignements. La liste en serait longue. C'était M. le marquis de Villeroy, M. de Pierreux (il va lui envoyer une comparaison de M. le Prince avec M. de Turenne), M. Giraud de Saint-Try (sur la construction de son palais de Saint-Try), M. Féret, médecin, M. Salmon, M. Delcher, Mme la marquise d'Aix (le marquis empêché le charge d'assurer la marquise de sa tendresse et de sa constante fidélité, mais il n'est pas accoustumé à expliquer de pareils sentiments...), Mme de Brissac, Mme Baré (vers sur leur séparation), Mlle de Bellegarde, etc., etc. Ces épitres sont datées de Tulle, de Paris, Lyon, Marseille, Turin, Chambéry, Aix-en-Savoie.

A Monsieur du Lieu, Intendant (1).

Il y a bien longtemps que je suis en possession de profiter de vostre amitié, Monsieur, et dans plusieurs occasions elle m'a esté si utile que si je n'estois pas à vous je serois mal en mes affaires...

>   Je me suis mis en beaux draps,
>   J'ay coupé jambes et bras
>   A vostre lettre d'affaire,
>   J'ay mis osté, transporté
>   Sans qu'il fust trop nécessaire
>   Et crains d'avoir tout gasté.
>   Ne m'en grondez pas pourtant,
>   En matière d'élégance,
>   Ainsi que Robin on danse,
>   Chacun fait comme il l'entend.

Si j'estois à Lyon, je féliciterois M. Aubert de son triomphe et mes applaudisssmens seroient meslez à ceux qu'il reçoit de toutes parts.

Je ne scay si N... est enfin arrivée à ce que saint Ambroise appelle *vota hominum* et la loy des Lombards *dies votorum*.

---

(1) M. du Lieu était intendant, à Lyon, croyons-nous. Nous reproduisons cette lettre parce qu'on peut induire du commencement que notre abbé, pris comme arbitre du goût, était chargé par l'intendant de donner le tour à ses lettres de respect et d'amabilité. *Affaire*, au troisième vers, est un fin sous-entendu que commandait du reste l'exigence de la rime. Les derniers vers du dizain le prouvent suffisamment. Nous verrons plus loin que Dom de la Maré soumettait ses vers manuscrits au même contrôle. — Vers la même époque, le marquis d'Uxelles faisait rimer ses billets à Chloris par le poète Gombaud, et comme prix de son phœbus galant, lui entretenait un laquais et un cheval. Colombey, *Ruelles, salons et cabarets*, t. I, p. 4.

Quoique vous me mandiez, Monsieur, que vous ne voulez pas troubler mon repos et que je peux passer à mon gré

La nuit à bien dormir, le jour à ne rien faire,

ma paresse me cousteroit trop si les esgards que vous avez pour elle interrompoient nostre commerce. N'en déplaise à l'oysiveté que j'ayme fort, je suis prest de me brouiller avec elle pour vous escrire régulièrement si vous prenez plaisir à mes lettres. A la vérité je n'auray pas de quoy vous rendre nouvelles pour nouvelles, puisque vous ne connoissez personne en ce pays, mais au moins je vous entretiendray de l'inclination et de la reconnaissance que conserve votre.....

De Tulle.....

A Monsieur Aubert (1).

....
On m'a parlé de vostre galanterie et de vostre éloquence et ceux qui m'en ont entretenu m'ont fait douter si la cour du roy Gondebaud estoit encores sur les bords du Rhône et si les jardins d'Enay (2) s'appeloient encore les jardins de l'Athénée. Jamais, m'a-t-on dit, un amant ne conta si bien des fleurettes que M. Aubert, jamais un avocat ne plaida si bien au Palais. On vous dépeint à peu près comme cet honneste homme dont parloit Perse qui s'occupoit le matin à lire les édits et l'après disner à cajoler Callirhoé.

Huic mane edictum, post prandia Callirhoendo.

Il n'y a guère d'apparence que vous pensiez à moy au milieu des affaires et des plaisirs ; je vous y obligeray pourtant quelquefois par mes lettres et ni vostre maistresse ni vos parties ne m'empécheront de vous dire de temps en temps que je suis, Monsieur, vostre très humble et très obéissant serviteur.

De Paris.... (3).

A Dom de la Maré.

J'ay résoleu, mon Révérend Père, de vous renvoyer vos vers à mesure que je les aurais leus et je commence par la description de la Chartreuse d'Aillon (4). Il y a de l'érudition partout

---

(1) Avocat de Lyon.
(2) Jardins de Lyon.
(3) Cette lettre doit être antérieure à 1672.
(4) Aillon en Savoie. Il est à présumer que Dom de la Maré était un Père Chartreux, peut-être de cette abbaye.

les vers en sont beaux, et il parait bien que le Dieu estoit en vous lorsque vous composiez cet ouvrage. Nous grimpons sur le Parnasse avec beaucoup de peine au lieu que vous y montez facilement. Ce seroit dommage, mon Révérend Père, que vous ne fussiez pas le bon amy des Muses et que vostre commerce avec elles s'interrompist. J'y perdrois en mon particulier et je serois privé du profit qui m'en revient de temps en temps. Gardez-vous bien de croire que je m'en puisse passer et souvenez-vous que si je ne mérite point par d'autres endroits que vous répandiez sur moy vos bienfaits, j'en suis au moins digne en quelque façon par l'inclination que j'ay d'estre toute ma vie vostre très humble et très obéissant serviteur.

De Chambéry.....

A Mademoiselle de Saint-Romain.

Je m'aperçois bien, Mademoiselle, qu'il n'y a rien à gagner avec vous. La première fois que nous jouons ensemble, je perds une discrétion et mon amitié. Voilà un estrange malheur dont je ne reviendray jamais. A dire le vray je n'ay point de regret de mon amitié. Vous l'aviez déjà gaignée à un autre jeu que celui du piquet et je meurs d'envie de vous payer. Mais je ne sçay comment faire sur le chapitre de la discrétion. Cette discrétion m'embarrasse étrangement et j'ai passé deux nuits à rêver là-dessus sans me déterminer à rien. Donnez-moi s'il vous plaît des expédiens pour me tirer de cette affaire à vostre gré, ou s'il y a moyen, dispensez-moi de toute discrétion. Le payement de l'amitié que je vous dois en deviendra plus facile et se fera mieux. Toute la peine que vous aurez sera de me rendre quelque petite chose, car il est impossible de vous faire ce payement en belles espèces sans qu'il y ait quelque chose à me rendre. Préparez-vous à cela, je vous en conjure et ne doutez pas que je ne sois avec plus de respect que personne du monde, vostre très humble et très obéissant serviteur.

De Lyon, le 24 de février 1677.

A Madame d'Arbusigny.

Que je vous sçay bon gré de vostre lettre, Madame, et que j'en avois grand besoin pour me consoler un peu de vostre absence. Je ne suis pourtant pas fort content de vostre manière d'escrire, car elle met au désespoir les gens qui ont à vous respondre et j'y serois bien empesché s'il fallait vous rendre des choses aussi agréables, aussi délicates que celles que vous m'avez envoyées. L'esprit y a plus de part que le cœur et je voudrois au contraire que vous m'escrivissiez de l'abondance du cœur sans que l'esprit se meslast de nos affaires. Je suis fasché que toutes vos pages soient si belles et qu'il n'y en ait aucune de plus tendre.

Ne craignez pas que je fasse à Thurin de nouvelles connaissances. La fidélité qui vous est deue vous sera gardée et je me suis mis dans l'esprit de ne voir personne. Qui pourrois-je trouver icy qui fut aussy aimable que vous, Madame, et ne perdrois-je pas au change ?

Je passay avant-hier toute l'après-disnée avec Monsieur vostre frère l'abbé ; nous fusmes ensemble au Valentin et dans notre promenade, il fut souvent parlé de vous. Je prenois plaisir à lui demander si vous vous estiez bien divertie à Thurin. Il me contoit les vignes et les cassines que vous aviez visitées en ce pays, il me parlait de vostre maison de la Roche, du séjour que vous avez coutume d'y faire, et vostre esprit, vos manières honnestes, les charmes de vostre conversation, tout cela, Madame, fut célébré plus d'une fois. Je croy qu'il vous rendra luy-mesme ce témoignage dans quinze jours. S'il y a moyen, je partiray d'ici peu de temps après luy, car je m'ennuye estrangement dans un pays où vous n'estes pas. Quelque belle que soit la cour, j'aimerois mieux passer une heure dans vostre chambre (1) que dans des palais magnifiques et mon cœur est en Savoye tandis que mon corps est en Piémont. Vous ne douteriez point de cette vérité si je sçavois vous exprimer avec combien de passion, je suis, Madame, votre très humble et très obéissant serviteur.

De Thurin.

A Mademoiselle Espinasse (2).

Sçavez-vous bien, Mademoiselle, qu'il n'y a point de plaisir d'estre de vos amys, et que je me passerois de cet honneur le mieux du monde. On n'a plus l'âme si tranquille, on ne se plait qu'avec vous, on s'ennuye partout ou vous n'estes point. Voilà, Mademoiselle, ce qui m'est arrivé depuis le traité d'amitié que nous avons fait ensemble. Vous avez gasté mon repos et ma joye. A l'heure qu'il est, je me sens agité, je cherche la solitude, rien n'est à mon gré, et je fus un de ces jours au Vernay où l'on donnait les violons aux dames sans que je fusse touché de ces divertissemens. Bien des gens me font la guerre de l'estat où ils me voyent et l'on me reproche de toutes parts que j'ay laissé mon esprit et mon cœur en France. Je ne sçay comment cela s'est fait, je croyois que les choses n'iroient pas si loin et que j'en serois quitte à meilleur marché. S'il faut vivre ainsi, retirons chacun nostre épingle du jeu et reprenons nostre indifférence. Comment ferois-je à Aix où je dois aller dans quelques jours en bonne compagnie si je portois en ce pays-là l'humeur sombre que j'ay maintenant par devers moy. Quelques dames de Chambéry m'ont annoncé qu'elles me

---

(1) Les dames recevaient alors les visites dans leur chambre, aussi communément que dans leur salon.

(2) Cette dame était peut-être de Tulle où existait une famille de ce nom. Il semble qu'elle résidait à Lyon d'après un passage de la lettre.

noyeront dans les bains si je ne rattrape mon enjouement ordinaire et me disent que je ne suis bon à rien depuis mon retour de Lyon. Je m'imagine que vostre Madame du Charot n'est pas plus contente de moi que les autres gens et quand je la visitay pour lui rendre vostre lettre, je laissois languir de temps en temps la conversation et je ne parlois que lorsqu'il falloit parler de vous. Mais aussitôt que l'entretien se tournoit de ce costé-là, il me sembloit que je faisois bien mon devoir. Je louois vostre esprit, vostre beauté, vos manières enchantées et si la dame a fait là-dessus quelque réflexion, elle aura bien pu s'appercevoir que je suis, Mademoiselle, vostre très humble et obéissant serviteur.

De Chambéry, le 10 de juillet 1677.

On trouvera, je suppose, que l'écheveau est assez bien dévidé ; on ajoutera peut-être — sans comparaison — qu'est-ce que ça prouve ? Cet abbé n'écrit que pour écrire. Toujours sur son beau dire, il ne dit rien. Ses épîtres enflées sont vides. Il n'y a que des formules et des tournures :

Ce ne sont que festons, ce ne sont qu'astragales,

on croit lire le « Parfait secrétaire ». Il ne manque pas de doigté, ne joue pas trop mal son morceau, mais c'est partout le même refrain. Encore s'il buvait dans son verre, s'il ne laissait pas voir ses efforts de contrefaçon :

Qui pourrais-je imiter pour être original !

Il ne nous sert que du déjà vu et c'est un pastiche d'antiques singeries d'un ridicule anachronisme. D'accord. Rien ne serait plus dépaysé dans le temps présent que ces cavaliers musqués et ces dames sucrées qui raffinaient sur le sentiment et le langage et s'évertuaient à mettre toutes choses en termes galants. Pourtant un peu de cérémonie ne messied pas dans les rapports de société et la parole et la plume s'en accommoderaient aussi bien que de l'argot, dernier cri, des boulevards extérieurs. Il est encore des tenants d'un autre âge qui préféreraient voir une femme « s'étudier au bel air, pousser le doux, le tendre, le passionné » (1), en son pathos, plutôt que de l'ouïr

---

(1) Madelon, dans les *Précieuses ridicules*.

parler sans vergogne de sa *galette* et de son *patelain* (1), en son patois. Patois des salons « Nouveau Jeu » et qui devait avoir ses entrées à l'Académie française ...puisque c'est un salon (2). Qu'on nous ramène aux précieuses !

Enfin, considérons que ce n'est pas rue Saint-Thomas du Louvre, chez la marquise de Rambouillet ou au Marais, chez Mlle de Scudéry, que notre épistolier avait appris les belles manières. C'est rue de la Barrière, derrière la boutique de son frère, le marchand drapier, qu'il avait son jardin. Il cultivait dans son cabinet comme dans son parterre des fleurs qui n'étaient point communes sous cette latitude. Il eut quelque mérite de les y acclimater. Les dames de Tulle et de Lyon se plaisaient à son commerce, étaient flattées de ces hommages charmées de ses expansions, touchées de ses soupirs, puisqu'elles le payaient de retour, — sur le papier. Mme de la Calprenède, au centre de l'élégance et du bon ton, devait penser :

Ce sont d'assez beaux yeux pour des yeux de province !

Ses succès furent tout d'intimité, de sympathie réciproque, discrets, secrets. Il eut sa petite célébrité à huis clos, à la chandelle. Le grand jour ne convient pas à cette littérature. Il suffirait, pour sa mémoire éphémèrement réveillée, qu'en quelques lieux choisis, les pieds sur les chenets, au reflet de la lampe, quelques dévots attachés même aux faiblesses du grand siècle, lui rendissent un peu de cette indulgence.

« Il n'est pas dict que toujours faille escripre
Propoz d'amour et matière joyeuse... »

déclare Hugues Salel, notre voisin du Quercy (3). Je suis de cet avis que l'abbé de Lagarde aurait bien fait de suivre. Pour moi, une fois n'est pas coutume, et je me suis délassé de plus

---

(1) La galette, c'est l'argent qu'on aime beaucoup ; le patelain, c'est le chez soi qu'on aime peu.
(2) Réception de M. Henri Lavedan.
(3) En son poème : *De la misère et inconstance de la vie humaine.*

sérieux travaux, par l'exhumation de ce personnage falot, abbé de salons sinon de ruelles, magistrat mieux à sa place sur un canapé que dans son fauteuil fleurdelysé.

Dulce est desipere in loco.

www.ingramcontent.com/pod-product-compliance
Lightning Source LLC
Chambersburg PA
CBHW060512050426
42451CB00009B/936